दो हर्फ़ मेरी कहानी के

राना उज्जवल

ISBN 979-888521317-2

क्रम-सूची

क्रम-सूची

क्रम-सूची

कवि परिचय

एक अरसा लगा था "राना" खुद को बनाने में
चंद पलों में खो दिया किसी और को पाने में

हर एक कविता, ग़ज़ल, नज़्म, शायरी के पीछे एक कहानी होती हैं, और वो लेखक के जीवन से कहीं न कहीं जुड़ी होती हैं। जब लोग उसे पढ़ते हैं तो कहीं न कहीं उनके भी जीवन के किस्से से जुड़ जाता हैं।

मैं राना उज्जवल, IMS Ghaziabad स्नातक अंतिम वर्ष में हूं। ये मेरी किताब "दो हर्फ़ मेरे कहानी के" मेरे द्वारा रचित मेरे कविता, ग़ज़ल, शायरीयो का संग्रह हैं। मैंने श्रृंगार तथा वियोग रस में ही अपनी संग्रह लिखी हैं ये मेरी पहली किताब हैं आशा हैं आप लोगों को पसंद आएगी।

1. बिन तुम्हारे अब एक पल चैन कहां

बिन तुम्हारे अब एक पल चैन कहां
जो ना भींगे रातों को अब वो नैन कहां
पल पल तुम्हारी राह निहारी हैं
जीती हुई हर बाजी हारी हैं
लो आज मैं ये इकरार करता हूं
हां, मैं तुमसे प्यार करता हूं

बिखरा था,अब खुद को समेटा हैं मैंने
जब से तेरे यादों को खुद से लपेटा हैं मैंने
ख्वाबों से भरे आंखों में एक क्षण निंद न आई
तनहाई में जब एक रात गुज़र न पाई
अब खुद में तेरे होने पर एतबार करता हूं
हां, मैं तुमसे प्यार करता हूं

एक क्षण में एक सदी गुजारी हैं
ख्वाबों संग अभी सफर जारी हैं
संग तेरे होने का एहसास होता हैं
जब भी कोई याद मेरे पास होता हैं
अब हर पल जमाने से तकरार करता हूं
हां, मैं तुमसे प्यार करता हूं

हर सजदे में झुकेगा सर, हर दहलीज पे जाउंगा
तेरे खातिर मैं हद से गुज़र जाउंगा
सफ़र के कुछ दास्तां अधूरे रह जाएंगे
जब कुछ अपनों लौट के न आएंगे
मैं अभी तेरा इंतज़ार करता हूं
हां, मैं तुमसे प्यार करता हूं

2. कई रातों के बाद ये रात आई हैं

कई रातों के बाद ये रात आई हैं
होंगे जिनमें चर्चे तुम्हारे,अब वो बात आई हैं
इन आंखों को अब एक अजब सी बेताबी रहती हैं
एक मर्तबा तुम्हें देखने को क्षण-क्षण पे हाबी रहती हैं
ये मुझसे किन का इंतजार हो रहा हैं
लगता हैं अब मुझे प्यार हो रहा हैं

न सोते न जागते, ए दिन जाती गुज़र
करवटें बदल-बदल के रातों में कटती,एक-एक पहर
एक अजीब सी हलचल अब दिल में होती हैं
जैसे चांद की रौशनी,तरंगों से भरी झील में होती हैं
अजीब से ख्वाबों पे एतबार हो रहा हैं
लगता हैं अब मुझे प्यार हो रहा हैं

एक-एक पल की अब कहानी लिखी जाएगी
हर एक शख़्स के ज़ुबानी लिखी जाएगी
न जाने किस मोड़ पे मुलाकात हो
आंखें हो चार, बैठ के कुछ बात हो
मेरे कण-कण को ए इकरार हो रहा हैं
लगता हैं अब मुझे प्यार हो रहा हैं

सुबह शाम आंखों में बस एक चेहरा होता हैं
दिल के हर धड़कन पे उसका का अब पेहरा होता हैं
सितारों से सजे फलक में बस एक चांद नज़र आता हैं
उसका मुझ में होना हर-बार नज़र आता हैं
नहीं पता ए क्या हो रहा हैं,बस बेशुमार हो रहा हैं
हां जी मुझे भी किसी से प्यार हो रहा हैं

3. गुलज़ार थे दिन, हम रातों को नग्में गुनगुनाते थे

गुलज़ार थे दिन,हम रातों को नग्में गुनगुनाते थे
चांदनी रात हुआ करती थी हम चांद बुलाते थे
पढ़ता था ख़त रातों को, खुशियां चिरागों संग बाटी हैं
ख़्वाबों से भरी थी आंखों,रातें खुली आंखों संग काटी हैं
लिए तुम्हारी एक तस्वीर हाथों में, सारी रात निहारता
खुद से मैं कुछ बातें करता,फिर तकिया संग लिपट जाता
खुद में खुद के न होने कुछ ग़म न था
सूरुर दीवानगी का कुछ इस कदर था
बातों बातों में हम बहक जाते थे
सब के समाने तुम्हें अपना कह जाते थे

कहां पता था की एक दिन शामें तन्हां हो जाएंगी
ढूंढेगी जब अपनों को तब आंखें भर आएंगी
एक हिज़्र होगा और सब फ़ना हो जाएगा
खुद को खोने के बाद,खोने को क्या रह जाएगा
तकिए संग बदलेंगे करवटें,रातें खामोश हो जाएंगी
हवाएं भर सक कर देंगी मदहोश,पर निंद न आएगी
तस्वीर होगी आंखों से ओझल,कौन याद कहा आएगा
चिरागों संग ख़्वाब जलेंगे, कोई ख़त कहा आएगा
ख़्वाब ख़्वाब रह जाएंगे,ये कोई बतता क्यूं नहीं

वादा करके अब कोई निभाता क्यूं नहीं

सुनो, तुम एक काम करना
अपने सारे खतों का हिसाब करना
मैं तुम्हारा सब कुछ लौटा दूंगा
तुम मुझे वो मेरी रातें आबाद करना।।

4. कोई क्यूं पूछेगा मेरे घर का पता

कोई क्यूं पूछेगा मेरे घर का पता,
भला मेरे दहलीज़ों पर अब कौन आएगा
तुम्हारे जाने से मुंतशिर हुआ एक बंधन,
तुम बिन वो अधूरे वादे अब कौन निभाएगा
एक अलग सी चुभन होती हैं इस दिल में,
कि ख्वाबों में आके मुझे अब कौन सताएगा
भरसक गुजर जायेंगे दिन,कट जायेंगी ये रातें,
बग़ैर तेरे,संग मेरे हर शाम अब कौन बिताएगा
तेरे से जुड़ा था,तेरे शहर से रिश्ता मेरा
भला तेरे शहर को अब कौन जाएगा
चलने को तो कोई भी चलले चार क़दम मेरे संग,
जो ताउम्र चले वो हमसफ़र अब कौन कहलाएगा
हवाएं भी बंद करदी गुजरना मेरे गली से,
खुदा जाने तेरी याद अब कौन दिलाएगा

5. दिन गुजारें न गुज़रे

दिन गुजारें न गुज़रे, न कटती ए रातें
मन को बहलाए कैसे, किससे करें हम बातें
घर आंगन सब सुना पड़ा हैं, हैं खामोशी छाई
बिछड़ के अपनों से ये ज़िंदगी किसको रास हैं आई
तुम बिन सब लगे अधूरा,हैं तन्हाई ही तन्हाई
क्षण क्षण मुझे मार रही हैं तेरी ये रुसवाई
जब भी आता हैं चांद तेरे यादों में ले जाता हैं
झांकता हैं खिड़कियों से पल पल सताता हैं
यादों से कट रही है जिंदगी,पर ये ग़म किससे हम बांटे
मन को बहलाए कैसे, किससे करें हम बातें

6. हमसफ़र हो,हमराज हो तुम

हमसफ़र हो,हमराज हो तुम
मेरे रातों का ख्वाब हो तुम
साथ बैठो कुछ बातें कर लूं
दिल चाहता हैं बाहों में भर लूं
मेरे कण कण को स्वीकार हो तुम
हमसफ़र हो तुम, हमराज हो तुम

किरणों सा सौंदर्य तुम्हारा, मन चांदनी रात
यादें तुम्हारी कुछ यूं आरही जैसे सावनकी बरसात
मन मेरा व्याकुल हो रहा, प्रियतम तुझे बताने को
मेरे तन मन पे बस हैं तेरा,तुझे हक है मुझे सताने को
अब संयोग हमारे मिलन का हैं,जुदाई ठहर जाय
पथ से बिछड़ के भला पथिक कहां तक जाय
हर रात मेरे फलक की महताब हो तुम
हमसफ़र हो तुम,हमराज हो तुम

तेरे होने से हूं मैं, तेरे से हैं मुस्कान
तु हैं मेरी हमदम बस यही कहे जुबांन
तुमसे से ही हैं स्वेरा, तुमसे से ही हैं हर शाम
कुछ यूं जुड़ा हूं तुझसे जैसे तेरे नामों में मेरा नाम

मेरे हर पल की खुबसूरत याद हों तुम
हमसफ़र हो तुम, हमराज हो तुम

7. कतरा-ए-शबनम तू भोर की

कतरा-ए-शबनम तू भोर की,

उसी भोर का मैं अफताब

मैं हूं फलक चांदनी रात की,

और तू पूर्णिमा की महताब

पर मिलन हमारा हैं क्षितिज,

और मृगतृष्णा जैसी प्यास,

नुजूम हमारे यूं बिखर रहे हैं

जैसे बिन माली के बाग

ख्वाबो में भी अब तंज सताये

राबता- हर कोई तूझे बताये

ये सब अब मुझ से सहा न जाता

ओढ़ता फिर तेरे यादों की चादर,और सो जाता

8. कई रात जगा मैं

कई रात जगा मैं,
लिए आंखों में हजारों ख्वाब जगा मैं
सिसकियों से जब गूंज उठा सारा कमरा
फिर तकियों से लिपटकर सारी रात जगा मैं
खिड़कियों से झांक रहा था चांद मेरे कमरे में
खिल उठी थी कलियां जो तन्हा थी गमले में
एक उल्फ़त की कहानी,मेरा इजहार एकतरफा
मेरा प्यार एकतरफा, मेरा प्यार एकतरफा

ख्वाबों में मिलें हम,हकीकत का वादा न हुआ
आंखों ने आंखों को देखा,इससे कुछ ज्यादा न हुआ
चेहरा उसका आंखों पे कुछ पल ठहर था गया
आंखों को खोलते ही, वो लम्हा गुजर था गया
उसके हिस्से की बातें मैं खुद से खुद ही करता हूं मैं
एक दफा नाम उसका लेके सारी रात महकता हूं मैं
हुआ मैं इस इश्क में मैं बीमार एकतरफा
मेरा प्यार एकतरफा, मेरा प्यार एकतरफा

सावन की ये रातें,उसके यादों में ले जाती हैं
बरस के दहलीज़ों पे,उसके पायलों की झनकार सुनाती हैं
ये बारिश की बूंदें हर बार भींगो जातें हैं
लिपटते हैं मेरे सीने से उसका हाल बताते हैं

"

लिए हाथों में तस्वीर उसकी,सारा दिन निहारता हूं
रख तकियें के निचे, हर रात ख्वाब सजाता हूं
हुआ है इश्क़ उससे बेशुमार एकतरफा
मेरा प्यार एकतरफा, मेरा प्यार एकतरफा

नहीं थे अनजाने, न मंजिल थी अलग
न उसने पूछा न मैंने बताया,न आहट लगी तलग
तन्हाइयों ने गले लगाया,मयखानों ने अपनाया
साकी का दिल बहुत बड़ा था,महफिल में अपना बताया
जलाया ख़त उसके,मेरे हाले दिल को उसका ख्याल नहीं
आता
हुए जब मसाफत,मेरे कानों तले उसका नाम नहीं आता
हुआ हिज़्र, मैं बे-ज़ार एकतरफा
मेरा प्यार एकतरफा,मेरा प्यार एकतरफा

9. कुछ बातें अधूरी कुछ ख़्वाब अधूरे रह गयै

कुछ बातें अधूरी कुछ ख़्वाब अधूरे रह गये
हमारे दरमियां कुछ जज़्बात अधूरे रह गये
कल होगी सुबह तुझे भूल जाऊंगा
जाऊंगा काम पे लौट के न आऊंगा
सब कुछ पा के, कुछ पा न सका
मैं तेरा हो न सका, मैं तेरा हो न सका

हूं शिकस्ता मैं,खुद को समेटू कैसे
एक आईना में खुद को देखूं कैसे
बदल किरदार,कुछ मिजाज बदला
ख़्वाबों संग करवटें सारी रात बदला
पास हो के,पास हो न सका
मैं तेरा हो न सका, मैं तेरा हो न सका

रब्त तो हैं कुछ हमारे,यूं मुंतजिर न थे हम
बेशक मिले थे ख़्वाबों में,अब दूर न थे हम
अगर हाथ बढ़ाया होता,तो कुछ कर जाते
तूझे पाने को खातिर एक जंग और लड़ जाते
खो के तुम्हें कई रात सो मैं न सका
मैं तेरा हो न सका, मैं तेरा हो न सका

साथ साथ चला था कभी तेरा अक्स न हुआ
वो जिस शक्स को ढूंढती मैं वो शक्स न हुआ
लेके हाथों में तस्वीर उसकी,आंख भर के
देखता हूं
सुख जाते हैं आंखों में आसूं उस हद से गुज़रता हूं
मिस्मार हुआं में पर तेरा नाम ले न सका
मैं तेरा हो न सका मैं तेरा हो न सका

तेरे संग की कई शामें तन्हा गुजारी हैं
तेरे हिस्से की बातें रखीं सारी हैं
तुझे खो के अब खोने को बचा क्या हैं
नादान दिल को दुसरी सजा क्या हैं
सब-कुछ खो के तुझे पा न सका
मैं तेरा हो न सका, मैं तेरा हो न सका

10. सुन राना शहर में एक इश्क की दुकान खोल ले ना

सुन राना शहर में एक इश्क की दुकान खोल ले ना,
कही लौट आये हो , थोड़ी और इंतजार कर ले ना,
माना की तू अन्दर से टूट चूका हैं, उसके ज़ख़मो से,
मत जा छोड़ के,थोड़ी हमारी भी परवाह कर ले ना,

अब ये मायूसी कैसी राना, उठ कुछ कर ले ना,
उसके दिये हर ज़ख़मो पे कोई मरहम भर ले ना,
माना की है ओ वफा परस्त अब करेगा भी क्या तू ,
मशवरा है एक नये जिंदगी की शुरुआत कर ले ना।

गुजर जायेगा ये समा, ये क्षण वैगर उसके,
हे राहगिर कुछ दूर और चल के देख ले ना,
गर फिर भी न हो दूर ये तन्हाई मेरे यार की,
बचा है सिर्फ जाम है उसे भी चख ले ना।

11. वो सुबह कब आयेगी

वो सुबह कब आयेगी,
जब एक अंधेरी रात के बाद सूर्य की रोशनी जगमगाती
नजर आयेंगी,
सुबह जब हजारों राधा, कृष्ण की भजन गुनगुनाती नजर
आयेंगी,
जब हमारी राधा मथुरा से वृन्दावन निर्भय हो मंडराती
नजर आयेंगी,

वो सुबह कब आयेगी,
जब देश के भविष्य हजारों अरमान लिए,सपनें सजाती
नजर आयेंगी,
हमारी बेटी,तुम्हारी बहन निर्भय हो मुस्कुराती नजर
आयेंगी,
जब सुरक्षा के मुद्दों पे सरकारें जाती नजर आयेंगी,

इस अंधे क़ानून से न्याय की उम्मीद जब तक लगाई
जायेगी,
तब तक हमारी मासूमों की इज्जत मिट्टी में मिल
जायेंगी,

वो सुबह जब आयेगी,
होगा इन हवसासूरो का वध किसी राम के हाथों,

तब सिता होकर भय मुक्त,एक दफा फिर मुस्कुराती नजर आयेगी।

अध्याय12

नही सुरक्षित आबरु उसकी जरा उसे समझा देना,
न लांघे कभी चौखट अपनी कली को समझा देना,
कही सरक न जाये पलू हे द्रौपदी,जरा समभालना,
आयेंगे कभी कृष्ण मुरारी अब ये भ्रम अब हटा देना।

कैसे होती है नारी की इज्जत हे रावण बता देना,
इन जल्लादो को अब तुम्ही सबक सिखा देना,
बेबस बैठा है राम इन कानूनी हथकंडो से,
ले अवतार हे मुरारी लड़्मी की आबरू बचा लेना।

उठा चुका है डांडिव अर्जुन का ये दुनिया को बता देना
नही लूटेगी अब आबरु द्रौपदी की ये उसे बता देना,
तोड़ दे इन कानूनी हथकंडो को,
करके द्रोपदी को भय मुक्त फिर से दुनिया को दिखा देना।

अध्याय 13

जरा कस के पकड़ हाथ मेरे,
मैं लड़खड़ाता बहुत हूं।
ये से नजरें न मिला तू,
मैं शरमाता बहुत हूं।
जब छिड़ती हैं बातें कहीं तेरी,
मैं बोलने में हकलाता बहुत हूं।
जानते क्या हो मेरे बारे में तुम,
लिए गमों का पहाड़,
मैं मुस्कुराता बहुत हूं।

अध्याय14

हजारों दुशासन एक मर्तबा फिर चीर हरण की आस लगाए
बैठे हैं,
अब तेरी बारी है द्रौपदी, हजारों से पहले ये प्यास बुझाये
बैठे है,

सरकारे बनी पड़ी है धृतराष्ट्र, इनको कुर्सी हैं बचानी
बिदूर बनी बैठी है प्रशासन,इनको हैं हर बात बतानी

तु खुद को अब वज्र बना, रण का ऐलान कर
तू है नारी,तू सब पे भारी,इस बात पे अभिमान कर

तु बन दुर्गा, तु बन चामुंडा, तु काली की अवतार धर
उठा खड़क अब हाथों, इन पापियो का नरसंहार कर

धरती कांप कांप उठेगी तेरे हर एक प्रहार से
पापियों का अस्तित्व मिटेगा तेरे हर एक वार से

बन झांसी की रानी,तेरा कोई लड़यिया नहीं आने वाला
तु लाख चिला ले, कलयुग में कन्हैया नहीं आने वाला

और जो उठा ले शस्त्र अपनो पे भी,नारी के सम्मान में
अर्जुन सा अब कोई दुसरा लड़यिया नहीं आने वाला ।

अध्याय15

भेदभाव जुल्म मिटायेंगे अब दुनिया नई बसायेंगे
करले सोच तु मानिंद हमारे,हम तेरे सांसों में मिल जायेंगे

नई डगर होगी,एक नया सफर होगा
कंधे से कंधे मिलायेंगे हम आगे बढ़ते जायेंगे

तोड़ के सब पिंजरा अब मैं उड़ जाउंगी,
बिछा लो तुम लाख बंदिशें पर आसमां नाप के आऊंगी

नहीं करनी हैं मुझे तमाशा,समाज के बंद दरवाजों पर
हमें तो बस लड़नी लड़ाई अपने संवैधानिक अधिकारों पर

हमें तो बस अपना अधिकार चाहिए, नहीं लड़नी लड़ाई
बराबरी हक तुम हमें क्या दोगे,पुरी कायनात हैं हमारी
कोखजाई

अध्याय 16

मेरा कर्ण

मेरे वजूद का तू एक अंग हैं

अब हर सफर जो तेरे संग हैं

तेरे साये में रहूं मैं, हैं यह अभिलाषा

कोई पुछे कर्ण तो मैं दूं तेरी परिभाषा

बैठता हूं तेरे संग तो खुद को भूल जाता हूं

तुझमें झांक मैं जब अपने कर्ण को पाता हूं

तेरे होने से सर पे एक साया लगता हैं

तेरे बाद अब हर कोई पराया लगता हैं

तेरे होने से हर मुश्किल आसान लगता हैं

तुम बिन राह का पत्थर भी पहाड़ लगता हैं

हैं जिसका कृष्ण वो रख लें,कोई चाहत नहीं हैं

मेरे कर्ण बीना ऐ जिंदगी जीना दुश्वार लगता हैं

अध्याय17

लेले अवतार प्रभु तू

करदे तू सब का उधार

संकट से सृष्टि घिरी हैं

जन में मची हैं हहकार

छाया हैं संकट का तिमिर

जनमानस खो रहा हैं

खो गए कुछ अपनें

संग कुछ सपनें खो रहा हैं

मन में हैं कुछ प्रश्न,निराशा चारों ओर

व्याकुलता के इस क्षण में खुद मानव खो रहा हैं

अस्तित्व पर लगीं हैं दांव,बचाएगा कौन

महाभारत से संकट भारी,गाण्डीव उठाएगा कौन

तेरे पे लगी हैं आस, प्रभु करदे तू उधार

संकट से घिरी हैं धरती,जन में मची हैं हहकार

अध्याय18

ये इश्क़ हर बार रुलाता क्यूं हैं
एक अजनबी सबकुछ बन जाता क्यूं हैं

कोई किसी को चाहे तो कितना
किसी के चाहत में कोई हद से गुज़र जाता क्यूं हैं

किसी के खातिर कोई ख़्वाब सजाएं तो कैसे
कोई किसी को एक पल में छोड़ जाता क्यूं हैं

कोई आके थामें तो हाथ,चंद क़दम साथ तो चलें
अब हर कोई कर के वादा मुकर जाता क्यूं हैं

तू जानता हैं "राना" वफा-ए-इश्क़ की क़ीमत
फिर भी कोई शख़्स किसी के खातिर मर जाता क्यूं हैं

अध्याय19

मेरे दिन के निवाले हैं ख़त तुम्हारे
मेरे रातों के उजाले हैं ख़त तुम्हारे

एक पल न रह सकता मैं तन्हां
इस तनहाई में सहारे हैं ख़त तुम्हारे

जब भी डगमगाए हैं पांव किसी सफर में
हर बार मुझे सम्भाले हैं ख़त तुम्हारे

जब भी आई हैं तेरी याद तन्हाई में
मेरे साथ कई रात गुज़ारे हैं ख़त तुम्हारे

तुझमें मेरे होने का एहसास हर पल दिलाते हैं
हर बार भरे मेरे प्याले हैं ख़त तुम्हारे

दराज़ो ने सम्भाले हैं तुम्हारे ख़त इस तरह
की डूबती कश्ती के आखरी सहारे हैं ख़त तुम्हारे

अध्याय 20

ये आंखों से इशारा कैसा
वो अजनबी तुम्हारा कैसा

तुमने ठोकरों से सीखा हैं चलना
फिर तुम्हारे हाथों में ये सहारा कैसा

करली थी तुमने जमाने से बगावत
फिर ये जमाने का ग़म तुम्हें ग्वारा कैसा

मंझधारो की शौकीन थी तुम्हारी कश्तियां
फिर आज अचानक ये किनारा कैसा

जो हटा न सके इन आंखों को उसके चेहरे से
कमबख्त फिर वो नज़ारा कैसा

अध्याय21

इन आंखों में आज भी एक ख़्वाब पलता बहुत हैं
एक शख़्स के खातिर ए दिल मचलता बहुत हैं

उधार चिरागों की रौशनीयां उन्हें मुबारक हो
मेरे अन्दर अब मेरा दिल ही जलता बहुत हैं

उस शख़्स की जरूरत क्यूं पड़ी इस दिल को
तनहाई में सोचकर,ये बात खलता बहुत हैं

किश्तों में मैं मुझसे जुदा हुआ था
तसल्ली से सुनाऊंगा इसके दास्तां बहुत हैं

अध्याय22

मयखाने से वास्ता रखता हैं,वो शख्स मय-गुसार नहीं हैं
तुम से मिलने वाला हर शख्स तुम्हारा ग़म-गुसार नहीं है

अग़्यारो संग एक अरसे से एक सफ़र में रहा
किसी राहगुज़र पे अब दरकरारे-हमराह नहीं हैं

की हर शाम हो कोई शख्स बगल में मेरे संग
की दिल अब इन ख्वाइशों का तलबगार नहीं हैं

फिर से ख्वाबों में दस्तक दी ही एक चेहरे ने
कुरेदे हैं कुछ ज़ख्म,पर दिल-ए-बेज़ार नहीं हैं

मैं हूं किसका,मेरा कौन हैं ये लोग क्यूं बताते हैं
जब मेरे सिवाय ये बताने का कोई और हकदार नहीं हैं

अध्याय23

कब ढलेगा ये दिन ये रात कब होगी
मेरे शहर में अब बरसात कब होगी

ज़ख़्म कुरेदना हैं एक मर्तबा फिर से
फ़िगार-ए-दिल की बात कब होगी

ग़म-ए-फ़ुर्क़त में न होगा अब मुंतशिर कोई
कोई ख्वाबों में न आए वो रात कब होगी

मिलूं जो तुमसे तो मुक्क्मल मिलूं
ख्वाहिशें दिल की मुक्क्मल कब होगी

राहगुज़र बताते हैं बातें हजारों राहगीरों की,पर
जो तुमसे शुरू और तुम पे ख़त्म,वो बात कब होगी

अध्याय24

जो छुपाएं न छिपे फिर वो राज कहां
इश्क़ में आशिक हद से न गुज़रे ए बर्दाश्त कहां

मुकर्रर कर लें तु बातें हजार दफा
जो दिल में उतर जाए अब वो बात कहां

अरसे से आंखें जग कर काटी हैं रातें,एक इंतजार में
आंगन में आए महताब अब वो रात कहां

सफर में एक हाथ सहारा हुआ मुझे सम्हालने के खातिर
बाद उसके हजार पकड़ा,पर अब वो हाथ कहां

लगा था फ़ना होंगे कुछ कुर्बत एक हिज़्र के बाद
मुझे तोड़ न पाई,उसकी यादों में अब वो ज्ज़बात कहां

खास से गैर तक का सफर जीना सिखा दिया"राना"
जो डूबा दे मेरी कश्ती इन नदीयो में वो अब मझधार कहां

अध्याय25

ख़्वाब ख़्वाब रह जाएंगे,ये कोई बतता क्यूं नहीं
वादा करके अब कोई निभाता क्यूं नहीं

हर क्षण अंतिम सांसें ले रहे कुछ रिश्ते
अब कोई पाश्वां इन्हें बचाता क्यूं नहीं

सब के कहानियों का किरदार एक जैसा हैं
हाल सब के वही हैं,पर कोई बताता क्यूं नहीं

उजड़े चमन को कोई कितना सजाएं
नग़में वफ़ा के कोई गुनगुनाता क्यूं नहीं

हर कोई करता हैं इश्क़ तेरे बेवफाई की बातें
कम्बख़्त इश्क़ तेरे हिज़्र में कोई मरता क्यूं नहीं

अध्याय26

रफ़्ता रफ़्ता खुद को जोड़ा हैं मैंने
किश्तों में ज़ख्मों को भरा हैं मैंने

मुद्दतों बाद आज मिला हूं खुद से
बा-मुशक्कत खुद को पाया हैं मैंने

मुझे अक़ीदत था की आईने सच दिखाते हैं
उससे मिलने के बाद कई आईना तोड़ा हैं मैंने

मेरे वजूद पर तुम सवाल न करो,अच्छा होगा
तुम्हारे खातिर खुद को खोया हैं मैंने

बीते दिनों की बातें जब भी याद आती हैं
हर मर्तबा तकीय से लिपटकर रोया हैं मैंने

अध्याय27

यादों ने आंखें भरें,ख्वाबों ने उड़ाए निंद
खो के मैं खुद को करता रहा तेरे मानिंद

किश्तों में ज़ख्म भरा, किश्तों में भुलाए वो दिन
ठोकरों से चलना हैं सिखा,राह चल लेता हूं आंखें मूंद

तन्हाई में दिन गुजारी,तन्हाई में काटी रातें
हालात मेरी कुछ यूं हैं, जैसे जूही के कुंद

रफ़्ता रफ़ुता जोड़ा हूं खुद को,अब जीना हैं तेरे बिन
कुछ यूं जगा हूं मैं रातों को,आंखों में भर आए हैं निंद

अध्याय28

खुमार तेरे कशिश का कुछ यूं चढ़ रहा हैं
मेरा हर क़दम अब तेरे ओर बढ़ रहा हैं

तुझसे दूरी एक पल भी अब ग्वारा नहीं होता
ये नदान दिल तेरे खातिर कुछ यूं तड़प रहा हैं

अब हर पल तेरे दीदार को तरसती हैं नजरें
दिवानगी तेरे इश्क़ का कुछ यूं चढ़ रहा हैं

खुद को खो के,अब तुझ में समा जाऊं
डर तुझे खोने का कुछ यूं बढ़ रहा हैं

अध्याय29

अजनबीयों से आखिर रिश्ता क्या हैं
जब ग्वारा अपने न हो,तो फरिश्ता क्या हैं

सुना हैं बड़े चर्चे हैं उसके ख्वाब के शहर में
ख्वाबीदा तेरे ख्वाब का वो किस्सा क्या हैं

बड़े सजावटों से सजा हैं तेरा किरदार
तेरे किरदार में आखिर तेरा हिस्सा क्या हैं

मुख़्तशर सफ़र था, यादें बड़ी दे गया
ये नासूर ना बने,इन्हें भूलाने का तरीका क्या हैं

मुंतशिर हों के भी तुम बचे कैसे
जब तुम बचे हो,फिर फ़ना क्या हैं

जिंदगी यूं ही गुज़ार जाए तो ठिक होगा"राना"
मुंतजिर हो के गुजारने को बचा क्या हैं

अध्याय30

ग़लत फैसले थे,नाजुक हालात होते गए
मेरे हर क़दम पर खड़े सवाल होते गए

जो हिस्से में नहीं था वो सब खोया मैंने
मेरे साथ कुछ ऐसे करामात होते गए

एक दफा जो टूटा तो टूटता ही चला गया
हर कदम पे लगी ठोकर,मेरे संग ऐसे वारदात होते गए

जाने से न रोका मैंने,न वादों ने उसे बांधा
पथिक चला जब घर से हर राही हमराह होते गए

कुछ भर गए, कुछ जख्मों को यादों न नासुर रखा था
महताब जब भी आया आंगन , हम गुमराह होते गए

अध्याय 31

ख़्वाब अधूरा मुकम्मल कहां होगा
होगा हिज्र तो सब फ़ना होगा

अब कौन करे वादे,निभाए कौन
वक़्त का क्या पता कौन कहां होगा

अपने पराए का अंदाजा हैं किसको
पतझड़ बताएंगे परिंदों का शज़र कहां होगा

मुद्दतों बाद लौटा हूं घर को अकेले
मेरे सुने आंगन में अब महताब कहां होगा

मिलने बिछड़ने की रीत पुरानी हैं "राना"
उतरे बीन भंवर में,साहिल की सोचें वो पार कहां होगा

अध्याय32

हर तरफ खामोशी,ये मंज़र क्यूं हैं
तेरे आंखों में आज समंदर क्यूं हैं

जला था घर मेरा,शजर परिंदों के थे उजड़े
फिर ये धुआं धुआं आज पुरा अंबर क्यूं हैं

जिंदा था एक शख्स कल तक,आज खामोश बैठा हैं
हरे भरे थे जो खलिहान कल तक,आज वो बंजर क्यूं हैं

एक शख्स हर रोज पुछता हैं मेरा पता गैरों से
उसके नजरों में आज मेरी इतनी बख़्त क्यूं हैं

उससे मिलना बिछड़ना तेरे बस में नहीं था"राना"
फिर उससे बिछड़ के इतना मशक्कत क्यूं हैं

अध्याय33

भूल के भी तुम्हें याद करते रहेंगे
ख्वाबों में तुम्हें आबाद करते रहेंगे

तेरा हिज़्र न कर पाएगा मुझे तन्हा
तेरे यादों से खुद को खुमार करते रहेंगे

रहेगा खाली तेरा जगह, हर शाम
मुद्दतो तक तेरा इंतज़ार करते रहेंगे

तु लाज़िम हैं मेरे खातिर,बग़ैर तेरे मैं कहां
तुमसे इश्क़ करते हैं, बेशुमार करते रहेंगे

अध्याय34

पहली मर्तबा,दिल तेरे खातिर मजबूर हुआ हूं मैं
जो बस में नहीं था, वो सब कुछ किया हूं मैं

जहां झुकने पे मेरा गुमान मुझसे ख़िलाफत करता हैं
बस तेरे खातिर हर उस दहलीज पे झूका हूं मैं

सोचा मिल जाएगी कहीं वो इस सफ़र में
सफ़र के हर मोड़ पे उसके खातिर रुका हूं मैं

उसका जाना मुझे मुझसे बेगाना कर दिया
अंधेरे था कमरा रात भर रोया हूं मैं

ये दिन,ये तन्हा रातें मुझसे नहीं काटी जाती "राना"
बग़ैर उसके हर पल घूट-घूट के जीया हूं मैं

अध्याय35

मेरे उजड़े घर को बसाने कौन आया हैं
इस अंधेरे में चराग जलाने कौन आया हैं

गैरों के चाहत में खो दिया था खुद को मैंने
आज मुझको मुझसे मिलाने देखूं कौन आया हैं

ज़माने भर ने करली हैं ख़िलाफत मुझसे
फिर महफ़िल में मुझे इख़्तिलात करने कौन आया हैं

मुद्दतों से छिपा रखा हैं कुछ राज सीने में
बात छिड़ी हैं जब,तो सुनने और सुनाने कौन आया हैं

लोग कहते हैं उसे भूलना बड़ी मुश्किल हैं "राना"
देख आज उसे भुलाने मयखाने कौन आया हैं

अध्याय36

तेरे बाद अब हर कोई मुझे बेगाना लगता हैं
ख्वाब तेरे तुझसे मिलने का परवाना लगता हैं

कशिश तेरा कुछ यूं चढ़ा हैं जेहन में,लोगों के
सारा शहर तेरा दिवाना लगता हैं

छिड़ जाए जो ज़िक्र तेरा कहीं
जो ना ख़त्म हो ये वो फ़साना लगता हैं

तेरे नाम से जुड़ा एक लफ्ज़ जो कह दे कोई
मेरे कानों तले वो तराना लगता हैं

बग़ैर ना-खुदा पार हुई हैं कश्ती
शायद तुम मिलो ये वो किनारा लगता हैं

मेरे ज़र्रे ज़र्रे को कायल कर रखा हैं तुमने
मेरा,मेरा न हो के सब कुछ तुम्हारा लगता हैं

अध्याय37

मेरे उजड़े घर को अब सजाएं कौन
नकाबपोशों का हकीकत बताएं कौन

जो चला गया उसे भूल ही जाओ
याद कर के,सोये जख्मों को जगाए कौन

गर उसे भूलना हर मर्ज की दवा हैं,तो ठीक हैं
वरना उस शख़्स को भुलाए कौन

बदलता है हर शख़्स,शख़्स अपने हिसाब से
इस भिड़ में अपना किसको बताएं कौन

एक दफा फिर मन मेरा उदास हो रहा हैं "राना,"
आज जख्मों को कुरेदने, याद आए कौन।

अध्याय38

बदला किरदार,तो कुछ मिजाज बदला
मेरे समय का फिर से कुछ अंदाज बदला

तू मिल न सकी तो शिकवा क्या करना
तस्वीर तेरा सीने से लगा के करवटें सारी रात बदला

आंखों में थे अश्क,मिस्मार ख्वाबों के
बहुत कुछ भुलाया तो जाके हालात बदला

मुद्दतो से अक्स था जिस शख्स का
जरुरत बदलें तो उसने शख्स बदला

जब मैं खुद ही खुद से ही कर बैठ इश्क
कुछ न बदला,बस जीने का तरीका लाजवाब बदला

अध्याय39

गर एक दफा उससे बात जो हों जाती
बेचैन ये तन्हा रातें कुछ शांत हों जाती
तवील हैं ये सफ़र पथिक,जाना होगा
होता कोई हमसफ़र हो तो राहें आसान हो जाती
मसाफ़त हुए हम, रिश्तों को बचाये कौन
कोई होता ना-खुदा तो कश्ती पार हो जाती
ज़मीर तेरा महरूम रखा हैं तुझे रंजिशो से
मुंसिफ़ के फैसले से अब तक इख़्तिलाफ़ हो जाती
फ़सानों से कब तक खुद को जोड़ोंगें
नज़रें जो उठा दें तो हकीकत साफ हो जाती
यूं घूंट घूंट के जीने से क्या फायदा "राना"
मयखाने चलते तो कुछ आराम हो जाती

अध्याय 40

जब उतरे चाँद आँगन में तो रातें बात करती हैं
वो चेहरा ख़ूबसूरत है वो आँखें बात करती हैं

सफ़र का हौसला काफ़ी है मंज़िल तक पहुँचने को
मुसाफ़िर जब अकेला हो तो राहें बात करती हैं

शजर जब मुज़्महिल हों फूल हों शाख़ों पे अफ़्सुर्दा
उदास आँगन में दीवारों से शामें बात करती हैं

मिरी आँखों से नींदें ले के तुम ने रतजगे बख़्शे
मिरे तकिए मिरे बिस्तर से रातें बात करती हैं

शजर भी झूमते हैं जब हवाएँ गुनगुनाती हैं
परिंदे लौट आते हैं तो शाख़ें बात करती हैं

अध्याय41

आरज़ू नहीं अब जीने की,कामिल कोई ख़्वाब कहां
बिछड़ के अपनों से, यहां गैरों के पास कहां

मिस्मार हुए सब रिश्ते,महरूम रहा न कोई
इब्तिदा करें बचाने को अब वो पासबां कहां

घर से हुआ बेघर, शजर हुए मिस्मार
आसमान हुआ गर्द-गर्द,परिंदा भरे उड़ान कहां

मुहाजिर हैं तु अभी उल्फ़त में, ताबिर न कर
इम्तिहाने देनी पड़ेगी और तुझ में तहम्मुल कहां

मुद्दतो बाद भी तू मुंतशिर हैं "राना"मुख़्तशर नहीं कहानी
शिकस्त मिली हैं अपनों से,मुखालिफ में इतनी जान कहां

अध्याय42

आज खुद को खुद के पास बिठाया मैंने
अपने खामोशी का फिर राज बताया मैंने

हिज़्र तेरा कुछ यूं कर गया तन्हा
मेले में अकेले खुद को पाया मैंने

घर के उजाले में दिख रहे थे कुछ तस्वीरें पुरानी
फिर बिखर न जाऊं, चिरागों को बुझाया मैंने

टकरावों के दौर में जिन पे उठी थी तलवारें
आज उनको अपना बता गले लगाया मैंने

तेरे यादों के सहारे कहां गुजरती ये जिंदगी
दिल को बहला तुझे आजीवन भुलाया मैंने

अध्याय43

सफर में था तो रास्ते में तेरा शहर आया
मेरे ज़हन में तेरा ख्वाब हर पहर आया

जब भी छू की गुजरी ये हवा की झोंके
मानो मुझमें तेरे होने का खबर आया

फासलों में अधूरी न रह जाए उल्फत की कहानी
दुआएं खुदा की टकराव के हर मोड़ पे ज़फ़र आया

और सोचा कुछ तराना यादें बटोरू अपने उल्फत जैसी
घर से बाहर निकला तो उन परिंदों का सुखा शजर आया

बड़े टकरावों के बाद तेरे ख्वाब आने देती है ये दुनिया
वरना तेरे ख्वाबों को मिटाने हर पल एक भंवर आया

अध्याय44

ये समां अब और भी जवां लगता हैं
हरा राबता मुझे हमनवा लगता हैं

मेरा अज़्म बुलंद हैं, फिर क्यूं भटक रहा है मन,
दिला रही हैं यादें,ये उसके शहर का हवा लगता हैं

मैं हूं दर्द-ए-इश्क में जांबलब,दुआ न दे
चल रही हैं सांसें,किसी की दुआ लगता हैं

बैठ एक रोज संमदर तेरे साहिलों पे,देखा मैंने
डूबी थी मेरी कश्ती,जना-जना सा वो किनारा लगता है

कैसे बताऊं तेरी नवाज़िश-ए-मुक्तसर,बस जान ले
तेरे दिये जख्मों से हर ज़ख्म पुराना लगता हैं

अध्याय45

बगैर तेरे मैंने कुछ कहां देखा
दिया आकार तूने तो मैं जहां देखा

मेरे गलतियों को हरदम नदानी कहती हैं तू
उठाया सर तो तेरे आंखों में ममता का आसमां देखा

जब कुछ न देखा इसे पुरे जहां में
तब तेरी मोहब्बत बेपनाह देखा

जब भी लौटा निराश किसी सफर से
टूटे अरमानों को सहलाते तेरा हाथ देखा

कभी रब को नहीं देखा मैंने,पर जरुरत क्या
जब भी झुका सजदे में रब से पहले मां देखा

अध्याय 46

मैं जो उससे बिछड़ा बिखर को रोया
ना जाने किस किस को पकड़ के रोया

मुझसे ज्यादा बिछड़ने का ग़म उसे था
वक्त-ए-रूखसत सीने से लगा के रोया

यादों के गलियारों से मैं जब भी लौटा
उसके हर एक ख़त को जलाकर रोया

बातें जो हुई थीं उसके और मेरे दरमियान
उन बातों को हर रोज दोहरा कर रोया

बंदिशें लाख जकड़ उसके यादों को आने से
जब याद आई तो आंखों में आंसू सजा कर रोया

मेरी नफरत और अदावत पिघल गई तों क्या
वो बेवफ़ा हैं फिर भी उसे रुला के रोया

अध्याय47

जब भी जाना बता के जाना
ख़ता मेरी, मुझे बता के जाना

कहीं टूट न जाऊं तूझे जाता देख
जाना तो एक दफा मुस्करा के जाना

क्या थे वादे, कितने निभाएं तुमने
जाना तो इन्हें भूला के जाना

जीऊंगा कैसे, क्यूं, क्या देखकर
जीने के खातिर कुछ यादें गिना के जाना

बेसक तेरे सलामती की दुआ करू उसके सजदे में
पर फ़क़त इल्तेजा हैं जाना तो मुझे भुला के जाना

अध्याय48

तन्हाई का आलम अब कुछ यूं छाए जा रहा हैं
आके कोई ख्वाबों में हर रोज सताये जा रहा हैं

उजाड़ने वाले उजाड़ गए सज़र परिंदों का भी
वो फ़कीर हैं फिर भी बस्तिया बसाये जा रहा हैं

लूट के भी जो खाली न होते कुछ खजाने
मेरे ओर इशारा करके वो ये बात बताये जा रहा हैं

हूं मैं बेदखल उसके हिस्सें से,शहर जानता हैं
फिर भी हर कोई उसकी ही बात सुनाये जा रहा हैं

और जब से छुटा तेरे हाथों से मेरा हाथ
पकड़ता कोई नहीं,बस हर कोई छुड़ाए जा रहा हैं

अध्याय49

लगेगा जब भी ठोकर अब खुद को सम्भाल लूंगा
ये जिंदगी आइस्था-आइस्था तुझे भी जान लूंगा

ख्वाबों से निकलकर अब जो देखता हूं हर रोज
नकाबों में छिपे फरेब हर चेहरा पहचान लूंगा

गर हारा जो मैं अपनों से अपने रण में
मसवरा दे गैर तो ,उसे भी मान लूंगा

नहीं हे चाहत की मुक्कमल हो मेरे सफर की दास्तां
मैं अपनी हार तेरे किसी और जीत पर ही मान लूंगा

अध्याय50

मेरे सांसों की सबब तू हैं, मेरे जीने की सबब तू होगी
गर हुई मेरे आंखों से ओझल मेरे मरने की सबब तू होगी

ख्याल तेरे तरफ ही जाता हैं इतने हादसों के बाद
मैं गिर के टुटा तो क्या,गर बिखरा तो सबब तू होगी

क्या होगा किसी को कुछ बता के,अधूरे दास्तां सुना के
फना होगा जब सफर वगैर मंजिल के,सबब तू होगी

जब पुरी दिन ढल जाये, एक दफा भी तेरी याद न आये
मेरे इन तन्हा रातों में जब महताब न आये, सबब तू होगी

मुझ से न पूछ मेरे होने का सबब मैं तेरे होने का सबूत हूं
जब थामें हाथ एक राबता मयखाने में, सबब तू होगी,

अध्याय51

कभी तो सुन लो,हर बार कहा तक टालोगे
उल्फत में अर्जियां,बताओ कब तक डालोगे

सफर हर क़िस्सा अधूरा होगा,हर पन्ना मोड़ दोगे
दिल बेहकता हैं बहक जायेगा,इसे कैसे समझा लोगे

महफ़िल से जिस दिन लौटोगे तन्हां
उस दिन खुद को कैसे सम्भालोंगे

जब एक ख़्वाब तुम्हें हर रोज तोड़ेगा
खुद को बिखरने से भला कैसे बचालोगे

यूं तो तुम्हें बहुत शौक़ हैं सिक्का उछालने का
दिल के मामले में,"राना" सिक्का कैसे उछालोगे

अध्याय52

इन हवाओं से एक पैगाम आया हैं
एक अधूरा ख़त फ़िर मेरे नाम आया हैं

ज़माने ने तो कर ली है बगावत मुझसे
फिर ये दुआएं किसकी जो मेरे काम आया हैं

तुम्हारे मर्जी मुताबिक नहीं चलती दुनिया
वसूलों पे चला तो ये मुकाम आया हैं

मौकापरस्त नहीं है ये दिल जो तु कहे,
मैं जब भी झुका हूं उसके सजदे में
जुबां पे हर दफा तेरा नाम आया हैं

अध्याय53

उल्फत में हर एक वादे तुम निभाया न करो
राज को राज रहने दो,हर बात बताया न करो

ख़िलाफत करने लगा हैं ज़माना तुझे मेरा जान कर
फ़क़त इल्तेजा हैं अब ज़माने को नज़र आया न करो

जल रहा हैं घर मेरा ,मेरे अपनों के आग में
दरख्वास्त हैं तुमसे इसे बचाने तुम आया न करो

दम घूटते हो जिन रिश्तों में पल-पल तुम्हारे
मेरा मानो ऐसे रिश्तों को जबरदस्ती निभाया न करो

एहसासों पे टिके थे रिश्ते उसके तुम्हारे दरमियां"राना"
ऐसे अधूरे रिश्तों की दास्तां हमें सुनाया ना करो

अध्याय 54

धड़कने रुकने लगी अब जज़्बातों से क्या कहूं
बंदिशें हैं चांद पर,इन तनहा रातों से क्या कहूं

हक तो वारिद तेरा हैं बरसातो में बरसने का
नम होने लगी आंखें अब,बरसातो से क्या कहूं

महक जाता हैं घर मेरा उसके एक ख्वाब से
गुलशन तू ही बता तेरे गुलाबों से क्या कहूं

उसे पाने का तसव्वुर तो बाद का हैं "राना"
उसके कुछ ख़्वाबों को ही समेट ले,गुस्ताख आंखों से क्या
कहूं

फ़क़त इल्तेजा हैं तेरा की भूल जाऊं तूझे, मंजूर हैं
तेरे रूख्सत के बाद न आये,ये बता तेरे यादों से क्या कहूं

अध्याय55

अब हर ठोकर के बाद मैं खुद को संभाल लेता हूं
जब से मैं तजुर्बे के मुताबिक खुद को ढाल लेता हूं

जब भी उलझता हूं हा और ना के बीच
अब हर मर्तबा सिक्का उछाल लेता हूं

जिसने भी दी हो दस्तक मेरे दहलीज़ों पे
हर उस सक्स को पर्दे पीधे पहचाना लेता हूं

रखा था ख्याल ,जब तक ये शीशे का था
अब तो पत्थर का हैं मज़े में उछाल देता हूं

अध्याय56

लड़ लहरों से मैं किनारे पे आ गया
डूबती कश्तियों के सहारे पे आ गया

ताउम्र बीत गयी मुझे बुलाने वालो की
कमबख्त मैं तेरे एक इशारे पे आ गया

मुक्तसर ही थे तेरे याद मेरे ख्वाबों में
ये अफताब उन्हें भी मिटाने पे आ गया

मुन्तजिर वहीं खत्म हुई अपनों की
एक अजनबी जब रिश्ता निभाने पे आ गया

पाकीज़ा हैं मेरी उल्फत,मेरे ज़र्रा ज़र्रा में हैं तू
जब भी तुझे चाहा महताब मेरे आंगन में आ गया

अध्याय57

ख़्वाब टूट के बिखर जाये तो क्या कहना
हर लम्हा यूं ही गुज़र जाये तो क्या कहना

कोई शिक़ायत नहीं हैं मेरे खुदा तुझसे,
फलक से चांद ही बिछड़ जाये तो क्या कहना

हम भी वाकीफ हैं हर फितरत से उनके
भला वो मिल के बिछड़ जाये तो क्या कहना

रास्ते कहां खत्म होते वगैर मंजिल के
ये राह बिन हमराह गुज़र जाये तो क्या कहना

नहीं होता हर दर्द की दवा हर किसी के पास
बे वज़ह कोई हमदर्द बन जाये तो क्या कहना

भरसक सजायी होगी तूमने महफ़िले अकेले में
वगैर उसके एक रात गुज़र जाये तो क्या कहना

अध्याय58

लिखूंगा रेत पे नाम तेरा,फिर मिटा दूंगा,
गर भूल जाऊं,तो लहरों को पता बता दूंगा,

खैर नहीं पता,किसका हुआ मुक्कमल इश्क,
पर मैं अपनी अधूरी दास्तां सबको सुना दूंगा।

डर लगने लगा हैं अब मुझे उजालों से,
हवाओं का रुख मोड़ हर चिराग बुझा दूंगा,

क्या होगा किसी को कुछ बता के,
कोई जाने,उससे से पहले हर राज़ दबा दूंगा,

कभी न कहना मुझसे कुछ सुनाने को,
शायरी के बहाने न जाने क्या-क्या सुना दूंगा।

अध्याय59

जब चाहें एक नयी दुनिया बसा लेते हैं कुछ लोग,
पुराने चेहरों पर एक नया चेहरा लगा लेते हैं कुछ लोग।

और हमें यूं ही अक़ीदत हो जाती हैं इस फरेब दुनिया पे,
जहां ज़ख़्म देने के बाद ख़ुद ही मरहम लगाते हैं कुछ
लोग।

बहुत कुछ नजरंदाज कर के निभाने पड़ते हैं रिश्ते,
वरना फरेब मुस्कान के पीछे खंजर छिपाते हैं कुछ लोग।

यूं ही नहीं सोच कर उठाना पड़ता हैं हर क़दम यहां,
ख़ामोशी और मुस्कान दोनों पे उंगली उठाते हैं कुछ लोग।

भला इतना कौन सोचता हैं इस गैर दुनिया में,
हजारों हादसों के बाद भी मुस्कराते हैं कुछ लोग।

अध्याय60

जाने दो उसे मत रोको, वो कोई जान थोड़ी हैं,
हम भी वाकीफ हैं उनसे से,कोई अनजान थोड़ी हैं।

देखता हूं वो कैसे रहती हैं खुश,मुझसे जुदा हो के,
जनाब,तन्हाइयों में खुद को संभालना आसान थोड़ी है।

हां भर जाएंगे यें जख्म भी बस कुछ दिनों में,
मरहम लगाता हूं इन पे,पर इससे आराम थोड़ी हैं।

चलो नहीं गुजर रुंगा अब उन गलियों से,
पर उन रास्तों को भूल जाऊं ये आसान थोड़ी है ।

हां अब भूल जाऊंगा उसे,पर कुछ समय लगेंगा,
शाम को पीयू सुबह को उतरे वो कोई जाम थोड़ी हैं

अध्याय61

जब भी टूटे हैं मेरे ख़्वाब,
मैं हर बार बिखर क्यूं जाता हूं।

आजकल बस तेरे ही यादों में,
मैं सिमट कर क्यूं रह जाता हूं।

माना की तू थी कल मेरी,
पर आज कल से निकल क्यूं नहीं पाता हूं।

जो मिलें हैं ये दर्द बेनाम सा,
मैं इसे सह क्यूं नहीं पाता हूं।

माना की हैं मुझे जख़्म सहने की आदत,
पर मैं कुछ जख़्मों से उभर क्यूं नहीं पाता हूं।

कुछ यूं हो गई हैं अब मेरी जिंदगी,
जब भी लगता हैं ठोकर सम्भल नहीं पाता हूं।

बहुत कुछ गुजरा मेरे आंखों के सामने,
पर कमबख्त मैं गुजर क्यूं नहीं जाता हूं।

अध्याय62

इतने शोर में भी, बेजुबान सा रहता हूँ,
अपने घर में भी,अनजान सा रहता हूँ।
क्या बताऊं कैसे कटती है अब जिंदगी मेरी,
अपने घर में किराए के मकान सा रहता हूं।

कट जाते हैं दिन और रातें बगैर तेरे,
अब इश्क थोड़े सावधान सा रहता हूं।
सब टूटने के बाद भी कुछ ना भी बिखरा,
इस बात से थोड़ी हैरान सा रहता हूं।

कैसे कटेगी ये जिंदगी अब बिन अपनो के,
इस चक्कर में थोड़ी परेशान सा रहता हूं।
ये सारा शहर भूल गया मुझे तेरे जाने के बाद,
क्या करू अपने शहर में गुमनाम सा रहता हूं।

अध्याय63

जब भी जाना बता के जाना
ख़ता मेरी,मुझे बता के जाना

कहीं टूट न जाऊं तूझे जाता देख
जाना तो एक दफा मुस्करा के जाना

क्या थे वादे,कितने निभाएं तुमने
जाना तो इन्हें भूला के जाना

जीऊंगा कैसे, क्यूं, क्या देखकर
जीने के खातिर कुछ यादें गिना के जाना

बेसक तेरे सलामती की दुआ करू उसके सजदे में
पर फ़क़त इल्तेजा हैं जाना तो मुझे भुला के जाना

Two Liners

अध्याय64

हर सजदे में झुकेगा सर,हर दहलीज पे जाउंगा
मैं तेरे खातिर किसी हद से गुज़र जाउंगा

दास्तां वफ़ा-ए-उल्फत की अधूरा हर इक का हैं
कोई तो बताए ये इश्क़ मुक्कमल किसका हुआ

कोई रुठ के अपनों से कहां जाता हैं
शज़र से नाराज़ हर परिंदा मर जाता हैं

लड़खड़ाएगी कब तक,
की अब सम्भलना है तुझे
चल उठ मेरी जिंदगी,
मेरे साथ अब चलना हैं तुझे

एक अरसा लगा था खुद को बनाने में
चंद पलों में खो दिया खुद को,किसी और को पाने में

बेनाम सा एक दर्द ठहर क्यूं नहीं जाता
बन के कोई हादसा गुजर क्यूं नहीं जाता
घूंट घूंट के कटती हैं रातें तन्हाई में
किसी रात मैं ही मर क्यूं नहीं जाता

लूटा के खुद को गैरों पे,अब खुद से प्यार हो रहा हैं
बा-खुदा अब ए कैसा कमाल हो रहा हैं

इन आंखों से कशिश तुम्हारी उतरे भी तो कैसे
सितारों से भरे फलक में,जब नज़र सिर्फ महताब आया

और चंद पल मांगा था मैंने तुझसे सजदे में मौला
उसके दीदार से बयां होता मेरे एतबार और इंतजार मतलब

एक एक हर्फ़ कुछ यूं गूंथे हैं तसव्वुर में तुम्हारे
कि सर्फ़ हुए ज्ज़बातो में मेरा कुछ था ही नहीं

❧❧❧

इस इश्क़ के खेल में सौदा अब बराबर का हुआ हैं
कि तुम्हारे पास तुम नहीं, हमारे पास हम नहीं

❧❧❧

अफसानों के मुक्कमल सफर की बातें न करो
राहगुज़र बताएंगे तुम्हें हकीकत राहगीरों की

❧❧❧

बेख्याली में भी एक ख़्याल आता हैं
मैं हूं किसका,मेरा कौन हैं
बात ये ज़ेहन में बार बार आता हैं

❧❧❧

मुद्दतों तक आए थे कुछ ख़त मेरे नाम के
ख़ामखयाल था वो हमनशीं हैं मेरा
हालात ने जब पुकारा,
न वो आया,न अब कोई ख़त आता हैं

❧❧❧

मेरे हिस्से का हर शख्स आईना निकला
जो सामने आया उसी का हो गया

❧❧❧

बीते दिनों की बातें कोई बताए कैसे
जुबां खुलें उससे पहले आंखें भर आती हैं

❧❧❧

कुछ यूं हैं बग़ैर उसके ये जिंदगी
की घूट घूट के जीना,जिंदगी तो नहीं

❧❧❧

मुसव्विर मेरे ख्वाबों ख्याल को आकार दें दें
उसे मुझ में होने का यकीन दिलाना हैं

❧❧❧

तसव्वुर में किसी का
होना आसान होता हैं,
हकीकत में अक्स भी
अपने और गैर पहचान लेते हैं

❧❧❧

खो के खुद को,
अब खुद का वजूद ढूंढते हों
बड़ी नासमझ हो "राना"
शोर सीने में दबाये सुकुन ढूंढते हों

तलब जो तेरी लगी,तो तेरा मुन्तज़िर हो गया
तेरे ख्वाबों ने कुछ यूं तोड़ा की मुतंशिर हो गया

मेरे पुराने पते पे उसकी ख़तें हजार आई
मैं जब शहर छोड़ा तो उसे मेरी याद आई
गुमनामी की की कई रातें गुजारी थी मैंने तन्हा
सुना हैं,मेरे जाने के बाद हर रात उसे मेरी याद आई

तेरी मसरूफ़ियत ने,
तुझे तुझसे अलग न होने दिया "राना"
वरना उसकी चाहत तो यही थी की,
उसके चाहत में तुम मुंतशिर हो जाओं

बिखरे हैं, बिखरे रहने दें
न समेट तू अपने खुले बालों को
घने बादलों से जब झांकता हैं चांद,
तो ओर भी हसीन लगता हैं।

❧❧❧

हवेली न सिखाये मुझे इश्क करना
कच्चा मकान हैं मेरा,चांद हर रोज मेरे आंगन में आता हैं

❧❧❧

जाया हुआ कुछ इस क़दर तवील-ए-सफ़र
जब अपनों ने कहा, कहों कैसे आना हुआ

❧❧❧

एक तो तुम इतनी हसीन
उपर से चाय की शौकीन
बस यहीं बातें तुम्हारी हमें पागल करतीं हैं

❧❧❧

बैठ बुजुर्गों संग, एक सस्ता सौदा कर लेता हूं
देके कुछ चंद लम्हैं उम्र भर का तजुर्बा लेता हूं

❧❧❧

तेरे कुछ यादों को जला के,
गर्म कर लेता हूं बदन
तनहाई में ये ठंडी भी,
अलग सितम ढा रही हैं

❧❧❧

मेरे सफर की अनगिनत अधूरी कहानी हैं
कुछ यूं जुड़ी हैं मुझसे की सब जुबानी हैं
हम अपनों से ज्यादा गैरों के होके रह गए
धागों से ज्यादा उलझी ये मेरी जिंदगानी हैं

❧❧❧

कभी चुभ जाती है बातें,
कभी लहजें मार जाते हैं
ए जिंदगी अब तू ही बता
हम गैरों से नहीं,
अपनों से क्यूं हार जाते हैं